El Mejor Vendedor del Mundo!

Evelyn Wright

Evelyn Wright

Página de Derechos de Autor

Evelyn Wright

Indice

La Psicología del Cliente — 7
Conectando con el Cliente — 13
El Arte de Escuchar Activamente — 20
Técnicas de Persuasión Ética — 27
El Poder de la Presentación Efectiva — 35
Creando Urgencia sin Presión — 44
Automatización y Venta Inteligente con IA — 53
El Funnel de Ventas Digital — 63
Marketing de Contenidos — 72
El Poder de las Redes Sociales en las Ventas Masivas — 81
Convertirse en el Aliado del Cliente — 90
La Experiencia del Cliente en la Era Digital — 98
Ventas Multicanal — 107
Crecimiento Exponencial — 115

Evelyn Wright

Evelyn Wright

La Psicología del Cliente

La psicología del cliente es el corazón de cualquier venta exitosa. En su esencia, vender no se trata solo de ofrecer un producto o servicio, sino de entender qué es lo que realmente mueve a las personas a comprar. Los clientes no compran solo porque necesitan algo, sino porque sienten una conexión emocional o porque perciben un valor que va más allá de lo tangible. Un buen vendedor debe comprender estas emociones y motivaciones para crear una experiencia de compra que resuene profundamente con el cliente.

Todo comienza con la empatía. Un vendedor debe ponerse en los zapatos del cliente y entender su situación, sus problemas y sus deseos. No se trata de empujar el producto que más beneficio le genera a la empresa, sino de ofrecer lo que el cliente realmente necesita. Por ejemplo, si alguien entra a una tienda buscando una solución para dormir mejor, el vendedor no debe simplemente ofrecerle la almohada más cara. Debe hacer preguntas, escuchar y descubrir si el problema es realmente la almohada, o si hay otros factores, como el estrés, que están afectando su descanso. Al entender la raíz del problema, el vendedor puede ofrecer una solución más precisa y relevante, lo que hace que el cliente sienta que ha sido escuchado y que la compra fue su propia decisión, no algo forzado.

Un aspecto fundamental de la psicología del cliente es la percepción de valor. Las personas no siempre buscan el producto más barato, sino el que les ofrece más valor. Este valor puede ser tangible, como la durabilidad de un producto, o intangible, como la satisfacción emocional que genera tener algo exclusivo o que mejora su calidad de vida. Los clientes quieren sentir que están tomando una decisión inteligente, y parte de ser un buen vendedor es saber cómo comunicar ese valor de forma clara y atractiva. Por ejemplo, un coche no es solo un medio de transporte; puede ser una declaración de estilo, un símbolo de éxito o una garantía de seguridad para la familia. El vendedor debe conectar el producto con los valores personales del cliente.

La psicología también nos dice que los clientes quieren sentir que tienen el control. A nadie le gusta sentir que lo están presionando a comprar algo. Un vendedor exitoso debe evitar las tácticas agresivas y en su lugar, debe guiar al cliente a descubrir por sí mismo los beneficios del producto o servicio. Esto se logra haciendo preguntas abiertas, dando espacio para que el cliente reflexione y proporcionando información útil sin saturarlo. Por ejemplo, en lugar de decir "deberías comprar esto porque es el mejor", un buen vendedor podría decir "¿cómo te sentirías si esto pudiera resolver ese problema?". De esta manera, el cliente se siente empoderado para tomar su propia decisión.

Otro punto clave es el miedo a la pérdida, una de las emociones más poderosas en el proceso de compra. La gente teme perder una oportunidad, y los vendedores pueden utilizar este concepto para motivar la acción sin hacer que el cliente sienta que lo están manipulando. Esto no significa presionar con frases como "compra ahora o te lo pierdes", sino crear un sentido genuino de urgencia al destacar la oportunidad de mejorar la vida del cliente si actúa a tiempo. Un ejemplo simple es mencionar que ciertos beneficios o precios especiales estarán disponibles solo por tiempo limitado, pero siempre desde un enfoque transparente y sincero.

La confianza es otro factor psicológico esencial en cualquier proceso de ventas. Los clientes necesitan sentir que están tratando con alguien que es auténtico y que tiene su mejor interés en mente. Para generar confianza, un vendedor debe ser honesto, cumplir sus promesas y demostrar conocimiento. Es importante no inflar los beneficios de un producto o servicio más allá de lo que puede ofrecer, porque eso genera expectativas irreales que pueden llevar a la decepción. Cuando un vendedor es transparente y admite las limitaciones de lo que vende, los clientes suelen apreciarlo más y confiar en que las recomendaciones son genuinas.

Finalmente, la repetición y el reconocimiento también juegan un papel crucial. La familiaridad genera confianza, y es por eso que los clientes tienden a comprar marcas o productos que han visto o escuchado varias veces. Un buen vendedor debe recordar esto y no desanimarse si un cliente no compra de inmediato. A veces, simplemente necesitan tiempo para procesar la información, comparar opciones y regresar con una mayor disposición para cerrar la compra. La paciencia y la persistencia suave, sin agobiar al cliente, son fundamentales para aprovechar esta parte de la psicología del cliente.

En resumen, la psicología del cliente es el arte de comprender qué motiva a las personas a comprar y cómo un vendedor puede influir de manera positiva en esa decisión sin presionar ni manipular. Se trata de generar empatía, transmitir valor, dar control al cliente y construir una relación basada en la confianza. Un buen vendedor es aquel que sabe escuchar, entiende las emociones de su cliente y crea una experiencia de compra en la que el cliente se sienta valorado y satisfecho.

Evelyn Wright

Conectando con el Cliente

Conectar con el cliente es uno de los pilares más importantes de cualquier venta. Para lograr que alguien compre, primero tienes que crear una relación genuina, una conexión que va más allá del simple intercambio de dinero por un producto o servicio. Este tipo de conexión se basa en la confianza, la empatía y, sobre todo, en la capacidad de hacer que el cliente se sienta comprendido y valorado. En este capítulo, veremos cómo un buen vendedor puede construir estas relaciones de forma auténtica y cómo esa conexión es lo que realmente impulsa las ventas a largo plazo.

Imagina que entras a una tienda y el vendedor te aborda de inmediato con una lista de ofertas o promociones. Puede que, en ese momento, no estés preparado para tomar una decisión de compra. Pero si ese vendedor toma el tiempo para saludarte, hacerte sentir bienvenido y preguntarte cómo puede ayudarte, la situación cambia. Te sientes menos como un número y más como una persona. Esa es la diferencia entre una venta fría y una venta que se construye sobre una conexión. Un buen vendedor sabe que antes de vender, debe escuchar.

Escuchar es clave. Muchos vendedores cometen el error de hablar demasiado, de intentar impresionar al cliente con características técnicas o estadísticas que, en realidad, no le interesan. Pero cuando un vendedor escucha, puede descubrir exactamente lo que el cliente necesita, sus preocupaciones y deseos. Por ejemplo, si una persona entra a una tienda buscando un sofá, un vendedor que solo se enfoca en la calidad del material o en los descuentos puede perder la venta. En cambio, un vendedor que pregunta "¿Qué tipo de sofá estás buscando?" o "¿Cómo es el espacio donde planeas colocarlo?" abre la puerta para una conversación más profunda. A medida que el cliente responde, el vendedor puede adaptar su oferta a esas necesidades específicas, mostrando que realmente está interesado en ayudar, no solo en vender.

Además de escuchar, otro aspecto fundamental de conectar con el cliente es la empatía. La empatía es la capacidad de ponerse en el lugar del otro, de entender lo que siente o lo que está buscando. Un cliente no siempre compra un producto porque lo necesita de forma urgente; a veces hay una razón emocional detrás de esa compra. Un buen vendedor sabe reconocer esas emociones y utilizar ese conocimiento para crear una experiencia más personalizada. Por ejemplo, si un cliente está buscando una bicicleta para su hijo, un vendedor empático no solo le hablará sobre el tipo de ruedas o el material del cuadro, sino que también comentará cómo esa bicicleta puede convertirse en el regalo perfecto que traerá momentos de felicidad y aventura para su hijo. De esta manera, el vendedor no solo está vendiendo un producto, sino una experiencia y una emoción.

La confianza es otro componente esencial. La confianza no se construye de la noche a la mañana, pero puede perderse en un segundo si el cliente siente que está siendo engañado o manipulado. Un buen vendedor siempre es honesto y transparente. No trata de ocultar información ni exagerar los beneficios de un producto solo para cerrar una venta. Si algo tiene una limitación o no es adecuado para el cliente, lo dice claramente. Esta honestidad crea una sensación de seguridad en el cliente, quien sabrá que está tratando con alguien que se preocupa más por su bienestar que por ganar una comisión rápida. De hecho, muchos clientes volverán a un vendedor que fue sincero, incluso si la primera vez no compraron nada.

Además de la honestidad, otro elemento importante en la construcción de una conexión es el trato personal. Recordar los nombres de los clientes, sus preferencias o incluso pequeños detalles sobre sus vidas puede marcar una gran diferencia. Los clientes quieren sentirse especiales, no como si fueran simplemente una transacción más en el día. Un vendedor que saluda a un cliente por su nombre o que recuerda que la última vez que vinieron estaban buscando algo específico muestra que realmente presta atención. Este nivel de personalización es lo que hace que los clientes se sientan valorados y aumenta las posibilidades de que regresen.

Un aspecto adicional que a menudo se pasa por alto es la importancia de la paciencia. Algunos clientes necesitan tiempo para tomar decisiones, y es ahí donde un buen vendedor sabe cómo dar espacio sin perder la conexión. Un vendedor impaciente que presiona al cliente para que compre puede generar rechazo. En cambio, un vendedor que muestra comprensión, que da tiempo para pensar y ofrece su ayuda en cualquier momento, genera un sentimiento de confianza y seguridad. A veces, los clientes vuelven semanas o meses después, no porque el vendedor los persiguió, sino porque les dio el tiempo que necesitaban y, en ese proceso, construyó una relación de respeto.

También es importante considerar el lenguaje corporal. Muchas veces, lo que decimos con nuestro cuerpo es más poderoso que las palabras. Un vendedor que hace contacto visual, que sonríe y que tiene una postura abierta transmite calidez y accesibilidad. Por otro lado, cruzar los brazos, mirar el reloj o parecer distraído envía señales negativas, incluso si las palabras son correctas. Un buen vendedor es consciente de estos pequeños detalles y se asegura de que su lenguaje corporal esté alineado con el mensaje que quiere transmitir: "Estoy aquí para ayudarte, no para presionarte".

Conectar con el cliente es, en última instancia, un proceso que requiere tiempo, dedicación y autenticidad. No se trata de técnicas o trucos rápidos para manipular a las personas, sino de construir una relación basada en la confianza y el respeto mutuo. Un cliente que siente que ha sido comprendido y valorado no solo comprará más fácilmente, sino que también recomendará al vendedor a otras personas, creando una red de conexiones que puede generar ventas exponenciales a largo plazo.

En resumen, un buen vendedor no es solo alguien que sabe cómo cerrar una venta. Es alguien que sabe cómo abrir una conversación, cómo escuchar, cómo ser empático y, lo más importante, cómo hacer que el cliente sienta que es una persona única y valiosa en todo el proceso de compra. Conectar con el cliente es la base sobre la cual se construyen todas las ventas exitosas.

Evelyn Wright

El Arte de Escuchar Activamente

El arte de escuchar activamente es una de las habilidades más poderosas que un vendedor puede dominar. A simple vista, escuchar parece algo que todos sabemos hacer. Sin embargo, escuchar activamente es muy diferente a simplemente oír. Se trata de prestar atención completa, de comprender lo que la otra persona está diciendo y, a veces, de lo que no está diciendo. Un vendedor que escucha activamente es capaz de captar las verdaderas necesidades, preocupaciones y deseos del cliente, lo que le permite ofrecer la solución perfecta en lugar de simplemente intentar vender lo primero que se le ocurre.

Escuchar activamente comienza con la disposición de estar presente en la conversación. Esto significa apagar cualquier distracción, tanto mental como física. Cuando un cliente está hablando, es fácil para un vendedor distraerse con otros pensamientos, como pensar en la próxima venta, en qué decir a continuación o incluso en cuánto tiempo queda hasta el cierre del día. Pero un vendedor que está verdaderamente enfocado en el cliente deja todo eso de lado y se concentra en cada palabra que la persona está diciendo. Ese nivel de atención no solo permite comprender mejor al cliente, sino que también le envía el mensaje de que sus opiniones son importantes.

Un aspecto fundamental de escuchar activamente es hacer preguntas abiertas. En lugar de hacer preguntas que solo pueden responderse con un "sí" o un "no", un buen vendedor debe hacer preguntas que inviten al cliente a hablar más y a compartir detalles sobre lo que realmente necesita. Por ejemplo, en lugar de preguntar "¿Estás buscando una computadora?", una pregunta abierta sería "¿Para qué tipo de actividades piensas usar la computadora?". Este tipo de preguntas no solo proporcionan más información útil para el vendedor, sino que también hacen que el cliente se sienta escuchado y valorado. Al hacer preguntas abiertas, el vendedor demuestra un interés genuino en las necesidades del cliente, lo que fortalece la relación entre ambos.

Otra técnica clave dentro del arte de escuchar activamente es la retroalimentación. Esto significa repetir o parafrasear lo que el cliente ha dicho para asegurarse de haberlo entendido correctamente. Por ejemplo, si un cliente menciona que busca una solución rápida para un problema específico, el vendedor puede responder: "Entonces, si entiendo bien, lo más importante para ti es encontrar una solución que te ahorre tiempo, ¿correcto?". Al hacer esto, no solo se asegura de que ambos están en la misma página, sino que también demuestra que realmente está prestando atención. Además, esta técnica ayuda al cliente a aclarar sus propios pensamientos y a profundizar en lo que realmente está buscando.

Escuchar activamente también implica ser consciente de las emociones del cliente, no solo de sus palabras. A veces, el cliente puede decir una cosa, pero su tono de voz o su lenguaje corporal indican otra cosa. Un buen vendedor sabe interpretar estas señales y ajustar su enfoque. Por ejemplo, si un cliente parece indeciso o preocupado, en lugar de apresurarse a cerrar la venta, el vendedor puede hacer una pausa y preguntar algo como: "¿Hay algo que te preocupe sobre esta opción?". Esta pregunta no solo muestra empatía, sino que también puede revelar dudas o inquietudes que el cliente quizás no había expresado directamente.

Además, el silencio es una herramienta poderosa en el proceso de escuchar activamente. A menudo, los vendedores sienten la necesidad de llenar cada espacio en blanco con palabras, pero a veces es mejor quedarse en silencio por un momento y dejar que el cliente reflexione. El silencio le da al cliente el tiempo necesario para pensar y formular sus respuestas sin sentir que está siendo apresurado. También le permite al vendedor captar cualquier información adicional que pueda surgir cuando el cliente se toma ese tiempo para reflexionar. Muchas veces, en esos momentos de pausa, los clientes revelan información clave que puede ser crucial para entender lo que realmente quieren.

Escuchar activamente no solo ayuda al vendedor a entender mejor las necesidades del cliente, sino que también construye confianza. Los clientes valoran a un vendedor que los escucha porque demuestra respeto y consideración. Se sienten comprendidos, lo que genera una conexión emocional que va más allá de la simple transacción comercial. En un mundo donde muchas veces las personas se sienten ignoradas o no escuchadas, un vendedor que realmente presta atención puede destacarse y crear una relación duradera con el cliente. Esto no solo genera ventas en el presente, sino que también aumenta las posibilidades de que el cliente regrese en el futuro o recomiende el servicio a otras personas.

Un error común que cometen muchos vendedores es interrumpir al cliente mientras habla. A veces, el vendedor cree que ya ha entendido lo que el cliente necesita y se apresura a ofrecer una solución. Pero al hacerlo, corre el riesgo de perder detalles importantes o de hacer que el cliente se sienta menospreciado. Escuchar activamente implica dejar que el cliente termine de hablar antes de responder. Incluso si el vendedor ya tiene la respuesta, debe darle espacio al cliente para que exprese completamente sus pensamientos y preocupaciones. Esta paciencia no solo mejora la comunicación, sino que también refuerza la idea de que el vendedor está ahí para ayudar, no solo para vender.

Finalmente, el arte de escuchar activamente es algo que se perfecciona con la práctica. No es una habilidad que se domine de la noche a la mañana, pero cuanto más lo intente un vendedor, más natural le resultará. Con el tiempo, aprenderá a leer mejor las señales verbales y no verbales de los clientes, a hacer las preguntas adecuadas y a crear un ambiente donde el cliente se sienta cómodo compartiendo información. Al hacerlo, no solo será más efectivo en cerrar ventas, sino que también mejorará su capacidad para crear relaciones duraderas con los clientes.

En conclusión, escuchar activamente es una habilidad esencial para cualquier vendedor que quiera tener éxito a largo plazo. Se trata de prestar atención completa al cliente, hacer preguntas abiertas, ofrecer retroalimentación y ser consciente tanto de las palabras como de las emociones. Al dominar este arte, un vendedor no solo venderá más, sino que también creará una base sólida de confianza y lealtad con sus clientes, lo que será clave para el éxito continuo.

Evelyn Wright

Técnicas de Persuasión Ética

Las técnicas de persuasión ética son una parte esencial del trabajo de un buen vendedor. Persuadir no es lo mismo que manipular. Mientras que la manipulación busca controlar o forzar a alguien a hacer algo en contra de su voluntad, la persuasión ética se basa en influir de manera honesta y respetuosa, ayudando al cliente a tomar decisiones que son beneficiosas para ellos. Un vendedor que utiliza la persuasión ética no busca simplemente hacer una venta rápida, sino crear una relación de confianza y asegurar que el cliente realmente vea el valor en lo que está comprando.

El primer principio de la persuasión ética es la sinceridad. Un vendedor debe ser honesto en todo momento, y esto incluye ser claro sobre los beneficios y las limitaciones de su producto o servicio. Si un cliente siente que está siendo engañado, perderá la confianza, no solo en el vendedor, sino en la marca o empresa que representa. La sinceridad es la base de una relación de confianza y, cuando un cliente confía en el vendedor, es mucho más probable que se sienta cómodo tomando decisiones de compra. La persuasión ética requiere que el vendedor sea transparente, sin exagerar ni prometer cosas que no puede cumplir. Si un producto tiene una desventaja, es mejor mencionarla de manera abierta para que el cliente pueda tomar una decisión informada.

Otro elemento importante de la persuasión ética es el enfoque en los beneficios, no solo en las características. A veces, los vendedores se centran demasiado en describir los detalles técnicos de un producto o en resaltar las características superficiales, pero lo que realmente convence al cliente es cómo ese producto mejorará su vida. Por ejemplo, si alguien está buscando una aspiradora, el vendedor podría empezar hablando de la potencia del motor o de la capacidad de succión. Sin embargo, lo más persuasivo sería hablar de cómo esa aspiradora les permitirá limpiar más rápido, con menos esfuerzo y disfrutar de una casa más limpia en menos tiempo. En lugar de abrumar al cliente con datos técnicos, el vendedor debe centrarse en cómo el producto o servicio satisfará las necesidades y deseos del cliente de una manera real y tangible.

La empatía también juega un papel clave en la persuasión ética. Un vendedor debe ser capaz de ponerse en el lugar del cliente y entender sus preocupaciones, dudas y expectativas. La empatía permite al vendedor ajustar su enfoque para que sea más relevante y personal. Por ejemplo, si un cliente está preocupado por el precio de un producto, un vendedor empático no intentará simplemente convencerlo de que compre algo caro sin más. En su lugar, podría mostrar alternativas dentro del presupuesto del cliente o explicar cómo la inversión en ese producto específico se justifica a largo plazo por la durabilidad o los ahorros futuros. De esta manera, el cliente siente que sus preocupaciones están siendo escuchadas y tomadas en cuenta, lo que genera confianza y abre la puerta a una venta más ética y auténtica.

Una técnica de persuasión ética muy efectiva es la creación de escasez o urgencia, pero debe utilizarse con cuidado y de manera honesta. La idea detrás de la escasez es que cuando algo es limitado, se vuelve más valioso a los ojos del cliente. Un vendedor puede mencionar que un producto tiene un número limitado de unidades o que una oferta especial está disponible solo por tiempo limitado. Sin embargo, es crucial que esta información sea real y no una táctica para presionar al cliente de manera deshonesta. Si un cliente siente que está siendo engañado con falsas ofertas o con productos que en realidad no son tan limitados, el efecto será contraproducente. La escasez debe ser una herramienta ética, no una forma de manipular.

Otra técnica de persuasión ética es el uso de pruebas sociales. A la gente le gusta saber que otros han tenido buenas experiencias con un producto o servicio antes de tomar una decisión. Un vendedor puede compartir testimonios de clientes satisfechos, reseñas positivas o estudios de caso que muestren cómo otras personas en situaciones similares han encontrado valor en el producto. Esto no solo tranquiliza al cliente, sino que también refuerza la idea de que el producto ya ha demostrado su valía. Sin embargo, es importante que estas pruebas sociales sean genuinas y no fabricadas. En la era digital, los clientes pueden detectar fácilmente cuando una reseña es falsa o exagerada, y eso puede dañar seriamente la credibilidad del vendedor.

El principio de reciprocidad es otra técnica ética de persuasión. La reciprocidad se basa en la idea de que cuando alguien nos da algo, sentimos el deseo de devolverle el favor. En el contexto de las ventas, un vendedor puede ofrecer algo valioso al cliente antes de pedirle que compre. Esto puede ser información útil, una pequeña muestra del producto o un consejo sincero. Al ofrecer algo primero, el vendedor crea un sentimiento de gratitud en el cliente, lo que hace más probable que este esté dispuesto a comprar. Sin embargo, la clave aquí es que lo que se ofrece debe tener valor para el cliente y no debe parecer que está diseñado únicamente para obligarlo a comprar. La reciprocidad funciona mejor cuando el cliente siente que está recibiendo algo que realmente le importa, no solo un regalo superficial.

El compromiso y la coherencia también son importantes en la persuasión ética. Las personas tienden a querer ser coherentes con sus decisiones anteriores. Si un cliente ya ha mostrado interés en un producto o ha tomado una decisión pequeña, es más probable que siga adelante con una compra mayor. Un vendedor ético puede aprovechar esto pidiéndole al cliente que se comprometa con algo pequeño primero. Por ejemplo, si un cliente está interesado en un servicio de prueba gratuito o en una consulta inicial, es más probable que después continúe con una compra más grande. Lo importante es que el vendedor no fuerce al cliente a tomar compromisos que no desea o no necesita, sino que lo guíe de manera natural hacia decisiones que son coherentes con sus deseos y necesidades.

Por último, una de las técnicas de persuasión ética más efectivas es la construcción de una relación a largo plazo. Un buen vendedor no está interesado solo en cerrar una venta hoy; también está enfocado en construir una relación duradera con el cliente. Esto significa que el vendedor debe estar dispuesto a seguir ayudando y brindando valor incluso después de que se haya cerrado la venta. Los clientes valoran a los vendedores que se preocupan por su satisfacción a largo plazo, no solo por el momento de la compra. Al crear relaciones basadas en la confianza y el respeto, un vendedor puede asegurar ventas repetidas y recomendaciones de boca en boca, que son algunas de las formas más valiosas de crecer en el mundo de las ventas.

En resumen, las técnicas de persuasión ética no se tratan de manipular o forzar al cliente a comprar algo. Se trata de entender las necesidades del cliente, ser honesto, construir confianza y ofrecer valor real. Al usar técnicas como la empatía, la reciprocidad, la prueba social y el compromiso, un vendedor puede persuadir de manera ética, creando una experiencia de compra positiva tanto para el cliente como para él mismo. Este enfoque no solo genera ventas a corto plazo, sino que también construye relaciones a largo plazo basadas en el respeto mutuo y la satisfacción del cliente.

Evelyn Wright

El Poder de la Presentación Efectiva

El poder de la presentación efectiva es una de las herramientas más valiosas en el arsenal de un buen vendedor. Una presentación bien hecha puede ser la diferencia entre cerrar una venta y perder la oportunidad. Pero no se trata solo de mostrar un producto o servicio de manera superficial. La clave está en cómo se comunica el valor de lo que se ofrece, en cómo se capta la atención del cliente y se mantiene su interés a lo largo de todo el proceso. Un vendedor que sabe cómo hacer una presentación efectiva logra conectar con su audiencia y, lo más importante, generar confianza y entusiasmo.

Lo primero que hay que entender sobre una presentación efectiva es que debe estar centrada en el cliente. Muchos vendedores caen en el error de enfocarse solo en el producto, describiendo sus características técnicas o hablando interminablemente sobre lo maravilloso que es. Sin embargo, lo que realmente importa para el cliente no es el producto en sí, sino cómo ese producto puede mejorar su vida o resolver un problema específico. Por eso, el enfoque debe estar siempre en los beneficios, no en las características. El cliente quiere saber cómo lo que se le está presentando va a hacer su vida más fácil, más cómoda o más satisfactoria. Una presentación efectiva responde a esas preguntas desde el principio.

Para lograr este enfoque centrado en el cliente, el vendedor debe preparar su presentación con anticipación, investigando quién es su audiencia y cuáles son sus necesidades. No hay dos clientes iguales, por lo que una presentación que funciona perfectamente para uno puede no ser efectiva para otro. La personalización es clave. Antes de presentar, el vendedor debe haber hecho preguntas, haber escuchado atentamente y haber recopilado la información necesaria para adaptar su mensaje a las preocupaciones y deseos específicos del cliente. Esto demuestra que el vendedor no solo está interesado en hacer una venta rápida, sino en ofrecer una solución real que aporte valor.

Otro aspecto crucial de la presentación efectiva es la claridad. La simplicidad en la comunicación es poderosa. Un error común es intentar impresionar al cliente con un lenguaje técnico o con explicaciones complicadas que terminan confundiendo más que aclarando. Un buen vendedor sabe que su objetivo no es demostrar cuánto sabe, sino hacer que el cliente entienda claramente el valor de lo que está ofreciendo. Para eso, es fundamental usar un lenguaje sencillo, evitar jergas innecesarias y estructurar la presentación de manera que sea fácil de seguir. El mensaje debe ser claro desde el principio: qué es lo que se está ofreciendo, por qué es importante para el cliente y cómo resolverá sus problemas.

El uso de historias es una de las técnicas más efectivas para hacer una presentación memorable. A las personas les encanta escuchar historias porque son fáciles de entender y recordar. Un vendedor puede aprovechar esto contando una historia que ilustre cómo su producto o servicio ha ayudado a otras personas en situaciones similares. Las historias hacen que el cliente se conecte emocionalmente con la presentación, porque no solo están recibiendo datos, sino una experiencia tangible que pueden imaginar en su propia vida. Por ejemplo, en lugar de simplemente decir que un software aumentará la productividad, se podría contar la historia de cómo una empresa similar a la del cliente aumentó su eficiencia en un 30% usando ese mismo software. Esto permite que el cliente visualice el éxito en su propio contexto.

El lenguaje corporal también juega un papel importante en la presentación efectiva. No se trata solo de lo que se dice, sino de cómo se dice. Un vendedor que está entusiasmado con lo que está presentando transmite ese entusiasmo al cliente. Si el vendedor parece aburrido o poco interesado, el cliente también lo estará. Por eso, es fundamental mantener una postura abierta, hacer contacto visual y usar gestos que refuercen el mensaje. Una sonrisa genuina, un tono de voz enérgico y una actitud positiva pueden hacer que el cliente se sienta más cómodo y receptivo. Además, el lenguaje corporal del cliente también es importante. Un buen vendedor debe estar atento a las señales que el cliente está enviando, ya sea interés, dudas o confusión, para poder ajustar su enfoque en tiempo real.

La interacción con el cliente es esencial durante la presentación. Un error común es convertir la presentación en un monólogo, donde el vendedor habla sin pausa mientras el cliente solo escucha pasivamente. Una presentación efectiva es una conversación. El vendedor debe hacer preguntas durante la presentación, no solo para mantener al cliente comprometido, sino también para asegurarse de que está abordando sus preocupaciones específicas. Preguntas como "¿Esto responde a lo que estabas buscando?" o "¿Te parece útil esta solución para tu situación?" invitan al cliente a participar activamente en la conversación y le dan al vendedor la oportunidad de ajustar su presentación según sea necesario.

La demostración práctica es otra herramienta poderosa en una presentación efectiva. Cuando sea posible, permitir que el cliente vea el producto en acción o lo experimente de primera mano puede ser mucho más persuasivo que cualquier descripción verbal. Si un vendedor está presentando un software, por ejemplo, sería útil hacer una demostración en vivo para que el cliente vea lo fácil que es de usar y los resultados que puede generar. Si se está vendiendo un producto físico, permitir que el cliente lo toque, lo pruebe o lo experimente de alguna manera concreta puede crear una conexión emocional mucho más fuerte que simplemente describirlo. Las demostraciones prácticas le dan al cliente la oportunidad de ver con sus propios ojos lo que el vendedor está diciendo.

El manejo de objeciones es un componente esencial en cualquier presentación efectiva. A lo largo de la presentación, es probable que el cliente tenga dudas o preocupaciones. Un buen vendedor no debe ignorar estas objeciones ni tratarlas como un obstáculo. Al contrario, debe verlas como una oportunidad para aclarar malentendidos, proporcionar más información y fortalecer la confianza del cliente. Cuando un cliente plantea una objeción, el vendedor debe escucharlo atentamente, validar su preocupación y luego ofrecer una respuesta que lo tranquilice. Por ejemplo, si un cliente está preocupado por el precio, el vendedor puede explicar cómo el valor a largo plazo del producto justifica la inversión inicial. Manejar las objeciones de manera calmada y respetuosa demuestra que el vendedor está comprometido con ayudar al cliente a tomar la mejor decisión posible.

El cierre de la presentación es un momento crucial. Después de haber presentado todos los beneficios y demostrado el valor del producto o servicio, el vendedor debe hacer una llamada a la acción clara. Esto no significa presionar al cliente para que tome una decisión apresurada, sino guiarlo suavemente hacia el siguiente paso. Puede ser tan simple como preguntar: "¿Te gustaría que comencemos con esto?" o "¿Cuál es el próximo paso que te gustaría tomar?". El cierre debe ser natural y basado en todo lo que se ha discutido previamente. Un buen vendedor sabe que una presentación efectiva no solo es informativa, sino que también inspira confianza en el cliente para avanzar con la compra.

En conclusión, el poder de la presentación efectiva reside en su capacidad para comunicar valor de manera clara, personal y convincente. Un vendedor que se centra en las necesidades del cliente, que utiliza historias, que interactúa activamente y que maneja objeciones con habilidad, está mucho más preparado para cerrar una venta con éxito. La presentación no es solo una oportunidad para mostrar un producto o servicio, sino para crear una conexión genuina con el cliente y demostrar que lo que se está ofreciendo es la mejor solución para él.

Creando Urgencia sin Presión

Crear urgencia sin presionar al cliente es una de las estrategias más delicadas, pero también más efectivas, que un vendedor puede dominar. La urgencia bien utilizada puede motivar al cliente a tomar una decisión rápida, pero cuando se maneja mal, puede sentirse como presión y causar rechazo. Es un equilibrio que un buen vendedor debe aprender a manejar con maestría, siempre respetando el ritmo del cliente y evitando que se sienta obligado o forzado a comprar.

La urgencia tiene que ver con transmitir al cliente que existe un motivo legítimo para actuar ahora y no después. El cerebro humano tiende a evitar decisiones difíciles o postergarlas si no siente una razón apremiante para tomarlas en el momento. Por eso, crear una sensación de urgencia puede ayudar a que el cliente se enfoque en lo que está en juego y entienda que actuar ahora es mejor que esperar. Sin embargo, el truco está en hacerlo sin parecer desesperado o manipulador. El cliente debe sentir que la decisión de actuar pronto es lógica y beneficiosa, no una imposición por parte del vendedor.

Un primer paso para crear urgencia de manera efectiva es presentar razones legítimas y reales que expliquen por qué es conveniente comprar ahora. Esto puede ser algo tan simple como una promoción que está por expirar, un stock limitado o una oferta exclusiva por tiempo limitado. La clave es que estas razones deben ser auténticas. Muchos clientes ya son conscientes de las tácticas comunes de ventas que se utilizan para crear una falsa sensación de urgencia, y si perciben que algo no es genuino, perderán la confianza en el vendedor y, probablemente, no comprarán. Por ejemplo, si un vendedor repite continuamente que "solo quedan unas pocas unidades" o que "la oferta termina hoy" y eso no es cierto, el cliente lo notará rápidamente. La confianza es fundamental, y cualquier estrategia de urgencia debe basarse en hechos reales.

Otra forma de crear urgencia sin presionar es resaltar los beneficios inmediatos que el cliente obtendrá al tomar acción ahora. En lugar de centrarse únicamente en el hecho de que el producto está en oferta por tiempo limitado, un buen vendedor hablará sobre cómo el cliente puede empezar a disfrutar de esos beneficios de inmediato. Por ejemplo, si un cliente está interesado en un servicio de mejora personal, el vendedor puede decir algo como: "Si comenzamos ahora, podrías empezar a ver resultados en tan solo unas semanas." Este enfoque se centra en el valor que el cliente obtendrá cuanto antes tome la decisión. En lugar de sentirse presionado, el cliente sentirá que actuar ahora le permitirá mejorar su situación más rápido.

El uso de pruebas sociales también puede ser una excelente manera de generar urgencia sin parecer manipulador. Los seres humanos tienden a actuar cuando ven que otros están tomando decisiones similares. Si el cliente sabe que muchas otras personas están tomando la misma decisión y beneficiándose de ello, es más probable que también quiera actuar. Por ejemplo, un vendedor podría mencionar que otros clientes ya han aprovechado la oferta actual y están obteniendo excelentes resultados. Esta técnica funciona porque el cliente siente que está perdiendo una oportunidad que otros ya han aprovechado. Sin embargo, es importante que las pruebas sociales que se utilicen sean verdaderas y no inventadas solo para presionar al cliente.

Además, la escasez real es una forma poderosa de crear urgencia. Las personas valoran más las cosas que son limitadas o difíciles de conseguir. Cuando un producto tiene una cantidad limitada o una oferta especial solo está disponible para un número reducido de personas, el cliente sentirá que debe actuar pronto para no perder la oportunidad. Nuevamente, la clave está en que esta escasez debe ser genuina. Si un vendedor promete que un producto está a punto de agotarse y luego el cliente descubre que sigue disponible semanas después, la credibilidad se destruye. La honestidad es siempre fundamental en cualquier estrategia de urgencia.

Un buen vendedor también sabe que debe permitir que el cliente sienta que tiene el control de la situación. Aunque el vendedor presente razones claras para actuar pronto, el cliente debe sentirse libre de tomar la decisión en su propio tiempo. Esto significa que, aunque se presenten los hechos que crean urgencia, no se debe presionar con preguntas como "¿Entonces lo compras ahora o lo dejas pasar?". En lugar de eso, una mejor estrategia sería formular preguntas abiertas que inviten al cliente a reflexionar sobre lo que perdería si no toma acción pronto, como: "¿Te gustaría empezar a disfrutar de estos beneficios ahora o prefieres esperar?" Esto mantiene la urgencia en la mente del cliente, pero de manera sutil y respetuosa, dándole espacio para pensar sin sentirse presionado.

La transparencia también es crucial para crear urgencia de forma ética. Un vendedor que es claro sobre las razones por las cuales una oferta es limitada o por qué es importante actuar pronto, genera confianza. Por ejemplo, si un descuento solo está disponible hasta una fecha específica, es útil que el vendedor explique por qué esa oferta existe y cuándo exactamente termina. Un vendedor puede decir algo como: "Esta oferta especial está disponible porque estamos celebrando nuestro aniversario, y finaliza el viernes." Esto proporciona un contexto que tiene sentido para el cliente y le da una razón legítima para considerar actuar ahora, sin que se sienta presionado.

Otra técnica que puede ayudar a generar urgencia sin presión es el enfoque en los costos de no tomar acción. A veces, los clientes necesitan ser conscientes de lo que perderán si no actúan ahora. Sin embargo, esta estrategia debe usarse con cuidado y siempre con un enfoque positivo. En lugar de asustar al cliente o hacer que se sienta mal por no comprar, el vendedor puede destacar suavemente los beneficios que se están perdiendo al no actuar. Por ejemplo, un vendedor podría decir: "Sé que es una inversión, pero piensa en cuánto podrías ahorrar a largo plazo si comienzas ahora en lugar de esperar." Esto hace que el cliente reflexione sobre el valor a futuro sin sentirse obligado o presionado.

La personalización también juega un papel importante al crear urgencia. No todos los clientes responden de la misma manera ante la urgencia, por lo que es esencial que el vendedor adapte su enfoque según la personalidad y las necesidades de cada cliente. Algunos clientes pueden necesitar un empujón más directo, mientras que otros prefieren un enfoque más sutil. Un vendedor experimentado sabe cuándo es el momento adecuado para mencionar la urgencia y cómo hacerlo de manera que el cliente lo aprecie y lo vea como algo positivo.

Finalmente, es importante recordar que la urgencia no siempre tiene que ver con descuentos o promociones. A veces, la urgencia puede crearse al mostrar cómo el cliente puede mejorar su vida de inmediato. Por ejemplo, un vendedor podría decir: "Cuanto antes empieces a usar este producto, más rápido empezarás a ver los resultados." Esto genera un sentido de urgencia basado en el valor, no en la necesidad de aprovechar una oferta temporal. Cuando el cliente ve que actuar ahora le permitirá mejorar su situación cuanto antes, es más probable que tome una decisión rápida sin sentirse presionado.

En resumen, crear urgencia sin presión es una habilidad que requiere equilibrio y tacto. El vendedor debe proporcionar razones genuinas para que el cliente actúe pronto, pero siempre de manera honesta y respetuosa. Al enfocarse en los beneficios inmediatos, usar pruebas sociales, ofrecer escasez real y permitir que el cliente mantenga el control, es posible generar una sensación de urgencia que motive sin generar incomodidad. La urgencia bien manejada puede ser una herramienta poderosa que no solo impulsa las ventas, sino que también crea una experiencia positiva para el cliente.

Automatización y Venta Inteligente con IA

La automatización y la venta inteligente con inteligencia artificial (IA) están revolucionando el mundo de las ventas. Hace algunos años, muchas de las tareas que ahora se pueden realizar de manera automática requerían el esfuerzo directo de los vendedores, lo que significaba más tiempo y energía invertidos en tareas repetitivas. Hoy en día, gracias a la tecnología, especialmente a la IA, es posible simplificar muchos de estos procesos, haciéndolos más eficientes y precisos. Esto no solo permite que los vendedores se enfoquen en lo que realmente importa, como construir relaciones y cerrar ventas, sino que también les da una ventaja competitiva en un mercado cada vez más acelerado.

La automatización en las ventas implica usar herramientas tecnológicas para realizar tareas que normalmente requerirían intervención humana, pero de manera más rápida y eficiente. Por ejemplo, se puede automatizar el envío de correos electrónicos personalizados a potenciales clientes, la gestión de inventarios, el seguimiento de clientes o incluso la segmentación de audiencias. Todo esto reduce el tiempo que un vendedor tiene que pasar haciendo tareas administrativas y aumenta la productividad. Sin embargo, lo realmente interesante es cómo la inteligencia artificial lleva la automatización a un nivel completamente nuevo, haciendo que las ventas sean no solo más rápidas, sino también más inteligentes.

La IA tiene la capacidad de analizar grandes cantidades de datos en cuestión de segundos y detectar patrones que los humanos podrían pasar por alto. Esta capacidad es clave para la venta inteligente, porque permite a los vendedores entender mejor a sus clientes y predecir sus necesidades antes de que ellos mismos las identifiquen. Por ejemplo, las herramientas de IA pueden analizar el comportamiento de compra de los clientes, su historial de interacciones y su perfil demográfico para sugerir productos o servicios específicos que tienen más probabilidades de interesarles. Este tipo de venta personalizada, impulsada por la IA, aumenta significativamente las posibilidades de cerrar una venta porque se basa en datos reales y no en suposiciones.

Una de las maneras en que la IA puede mejorar la experiencia del cliénte es a través de la personalización automática de las interacciones. Antes, los vendedores tenían que investigar y recordar los detalles sobre cada cliente de manera manual. Ahora, la IA puede hacer esto en tiempo real, proporcionando a los vendedores la información que necesitan al instante. Por ejemplo, si un cliente ha mostrado interés en ciertos productos en el pasado, la IA puede sugerir recomendaciones personalizadas en el momento adecuado, basándose en sus preferencias anteriores. Esto hace que el cliente se sienta valorado y entendido, lo que a su vez crea una conexión más fuerte con el vendedor y la marca. Además, al automatizar estos procesos, los vendedores pueden enfocarse en tareas más complejas, como desarrollar estrategias de cierre y atender consultas más detalladas.

Otra ventaja clave de la IA en las ventas es su capacidad para predecir el comportamiento del cliente. Las herramientas de inteligencia artificial pueden analizar datos históricos y patrones de comportamiento para prever cuándo un cliente está listo para hacer una compra. Esto permite que los vendedores intervengan en el momento justo, ofreciendo el producto o servicio adecuado en el instante en que el cliente está más receptivo. En lugar de esperar a que el cliente tome la iniciativa, la IA puede enviar una alerta al vendedor para que se comunique con ese cliente o incluso generar automáticamente una oferta especial que lo incentive a tomar acción. Esta capacidad predictiva no solo acelera el proceso de venta, sino que también aumenta la probabilidad de éxito.

Además, la IA también puede ayudar en la fase de prospección. En lugar de que los vendedores pasen horas buscando nuevos clientes potenciales o tratando de determinar quién podría estar interesado en su producto, la IA puede analizar enormes bases de datos y detectar qué personas o empresas tienen más probabilidades de convertirse en clientes. Esto se hace analizando una variedad de factores, como el historial de compras, las interacciones en redes sociales o incluso las menciones en línea de palabras clave relacionadas con el producto o servicio. De esta manera, la IA puede generar una lista de clientes potenciales calificados, permitiendo a los vendedores concentrar sus esfuerzos en los contactos que tienen más posibilidades de cerrar una venta, en lugar de perder tiempo en prospectos fríos.

El uso de chatbots es otro ejemplo claro de cómo la IA está cambiando las ventas. Los chatbots pueden interactuar con los clientes en tiempo real, respondiendo preguntas comunes, ayudando a seleccionar productos o guiando al cliente a través del proceso de compra. Lo mejor de todo es que estos chatbots están disponibles 24/7, lo que significa que los clientes pueden obtener asistencia en cualquier momento, incluso fuera del horario de trabajo. Si bien los chatbots no reemplazan por completo a un vendedor humano, sí pueden manejar tareas simples y repetitivas, permitiendo que el equipo de ventas se enfoque en situaciones más complejas que requieren un toque personal. Además, muchos chatbots están diseñados para aprender de cada interacción, lo que significa que se vuelven más inteligentes y eficientes con el tiempo.

Las herramientas de análisis de datos impulsadas por IA también juegan un papel crucial en la mejora de las estrategias de venta. Un vendedor que trabaja con IA puede acceder a informes detallados que muestran qué estrategias están funcionando y cuáles no. Por ejemplo, la IA puede analizar qué tipo de mensajes de marketing generan más ventas, qué canales de comunicación son más efectivos y qué productos tienen la mejor respuesta en diferentes grupos de clientes. Esta información es invaluable porque permite ajustar las estrategias de ventas en tiempo real, optimizando cada paso del proceso para obtener mejores resultados. En lugar de depender de la intuición o de pruebas prolongadas, la IA proporciona datos claros y concretos que guían las decisiones del equipo de ventas.

La IA también puede ser utilizada para automatizar el proceso de seguimiento. El seguimiento es una parte fundamental de las ventas, pero a menudo es una de las tareas que más tiempo consume. Con la ayuda de la IA, los vendedores pueden programar recordatorios automáticos para enviar correos electrónicos o mensajes de seguimiento en momentos clave. Además, la IA puede analizar las respuestas de los clientes a estos seguimientos y ajustar el enfoque en función de cómo reaccionan. Por ejemplo, si un cliente abre varios correos electrónicos pero no hace una compra, la IA puede sugerir enviar una oferta personalizada o hacer una llamada de seguimiento en lugar de continuar con el mismo enfoque. Esto garantiza que el seguimiento sea relevante y efectivo, en lugar de parecer spam.

Otro aspecto importante de la IA es su capacidad para mejorar la experiencia del cliente a través del análisis de sentimientos. Algunas herramientas de IA pueden analizar el tono de voz o el lenguaje utilizado en correos electrónicos, llamadas o mensajes de texto para determinar si un cliente está satisfecho, frustrado o indeciso. Esta información es invaluable para los vendedores, ya que les permite ajustar su enfoque en tiempo real. Si un cliente parece estar frustrado, el vendedor puede intervenir para resolver el problema antes de que se convierta en un obstáculo mayor para la venta. Por otro lado, si un cliente muestra señales de entusiasmo, el vendedor puede aprovechar ese momento para cerrar la venta. Esta capacidad para leer las emociones del cliente de manera digital es algo que solo la IA puede ofrecer a gran escala.

Es importante destacar que, aunque la automatización y la IA pueden hacer mucho por mejorar el proceso de ventas, no reemplazan completamente el toque humano. Las ventas siguen siendo, en su núcleo, una interacción entre personas. Los clientes valoran la empatía, la confianza y la relación que construyen con el vendedor. La IA y la automatización son herramientas poderosas que pueden ayudar a los vendedores a ser más efectivos, pero el éxito en las ventas aún depende de la capacidad del vendedor para conectar genuinamente con sus clientes. La clave está en utilizar estas herramientas para liberar tiempo y energía, permitiendo que el vendedor se concentre en las interacciones que requieren un toque humano y en construir relaciones a largo plazo con los clientes.

En resumen, la automatización y la venta inteligente con IA están transformando la manera en que se hacen negocios. Estas tecnologías no solo permiten a los vendedores ser más eficientes, sino que también mejoran la precisión y personalización de las interacciones con los clientes. Al utilizar la IA para analizar datos, predecir comportamientos y automatizar tareas repetitivas, los vendedores pueden enfocarse en lo que realmente importa: ofrecer soluciones que agreguen valor a la vida de sus clientes. En el futuro, los vendedores que sepan aprovechar al máximo estas herramientas tecnológicas tendrán una clara ventaja sobre la competencia, no solo por vender más, sino por hacerlo de manera más inteligente y efectiva.

El Funnel de Ventas Digital

El funnel de ventas digital es una herramienta fundamental para cualquier negocio que quiera tener éxito en el mundo online. Se trata de un proceso que guía al cliente desde el momento en que descubre tu producto o servicio, hasta que finalmente realiza una compra. El concepto de "funnel" o embudo se utiliza porque, al igual que en un embudo real, comienzas con muchas personas en la parte superior, y a medida que avanzan por las diferentes etapas del proceso de ventas, solo algunos de ellos llegarán al final y harán una compra. Este proceso tiene varias etapas, y comprender cada una de ellas es clave para crear una estrategia de ventas exitosa.

La primera etapa del funnel de ventas digital es la "conciencia". En esta fase, el objetivo es dar a conocer tu producto o servicio. Aquí es donde los clientes potenciales se encuentran con tu marca por primera vez. Esto puede suceder a través de varios canales, como anuncios en redes sociales, artículos en blogs, videos en YouTube, o incluso recomendaciones de otros usuarios. Lo importante en esta etapa es captar la atención de tu audiencia. Para lograrlo, es esencial que tu mensaje sea claro, atractivo y que resuene con las necesidades o deseos del cliente. Recuerda que en esta etapa, el cliente no necesariamente está buscando una solución específica, pero sí puede estar interesado en aprender más sobre lo que ofreces.

Después de la etapa de conciencia, los clientes que están interesados en lo que ofreces pasarán a la siguiente etapa del funnel: la "consideración". En este punto, el cliente ha demostrado interés en tu producto o servicio y está buscando más información para decidir si realmente es lo que necesita. Aquí es donde el contenido juega un papel crucial. Artículos detallados, guías comparativas, reseñas de productos, demostraciones y testimonios pueden ayudar al cliente a evaluar si tu oferta es adecuada para él. El objetivo en esta etapa es nutrir al cliente con información valiosa que lo ayude a tomar una decisión informada. Debes posicionarte como una autoridad en tu industria y demostrar cómo tu producto o servicio puede resolver sus problemas o mejorar su vida.

La tercera etapa del funnel es la "decisión". En esta fase, el cliente está listo para tomar una acción concreta, pero aún puede estar considerando diferentes opciones. Es aquí donde necesitas presentar una oferta atractiva que lo motive a elegir tu producto en lugar de la competencia. Las promociones, descuentos especiales, envío gratuito o garantías de devolución de dinero son algunas de las tácticas que puedes usar para convencer al cliente de que dé el paso final. En este punto, es fundamental que el proceso de compra sea lo más sencillo y fluido posible. Si el cliente enfrenta obstáculos como formularios largos, dificultades para pagar o falta de información clara, es probable que abandone el proceso. Por eso, la experiencia del usuario debe ser impecable para facilitar la conversión.

La etapa final del funnel de ventas digital es la "acción", donde el cliente finalmente realiza la compra. Aunque este es el objetivo principal del funnel, no significa que el proceso termine aquí. De hecho, la relación con el cliente apenas comienza. Una vez que el cliente ha comprado, es importante seguir ofreciendo valor para fomentar la lealtad a largo plazo. Enviar correos electrónicos de seguimiento, ofrecer soporte técnico, solicitar reseñas y proporcionar contenido adicional sobre cómo utilizar el producto son algunas de las formas en que puedes mantener una relación positiva con el cliente después de la venta. Un cliente satisfecho no solo volverá a comprar, sino que también puede recomendar tu producto a otros, lo que ampliará tu alcance sin que tengas que invertir tanto en adquirir nuevos clientes.

Además de entender las etapas del funnel, es importante mencionar que cada cliente pasa por este proceso a su propio ritmo. Algunos clientes pueden tomar semanas o incluso meses para moverse de una etapa a otra, mientras que otros pueden tomar decisiones rápidamente. La clave para gestionar el funnel de ventas digital es mantener una comunicación constante y adecuada en cada etapa del proceso. No se trata solo de vender, sino de crear una relación con el cliente que le permita sentirse seguro y respaldado en cada paso.

Un aspecto interesante del funnel de ventas digital es que puedes medir cada paso del proceso. Gracias a las herramientas digitales, puedes saber exactamente cuántas personas han visto tu anuncio, cuántas han hecho clic en él, cuántas han visitado tu página web, cuántas han agregado un producto al carrito de compras, y cuántas han completado la compra. Esta capacidad de rastrear y analizar datos te da una ventaja enorme para optimizar tu estrategia de ventas. Si notas que muchas personas están abandonando el proceso en una etapa específica, puedes ajustar tu mensaje o mejorar la experiencia del usuario en esa parte del funnel. Esta optimización constante te ayudará a aumentar las conversiones y mejorar los resultados de tu negocio.

La automatización también juega un papel clave en el funnel de ventas digital. Puedes automatizar muchos aspectos del proceso para que los clientes reciban el mensaje correcto en el momento adecuado. Por ejemplo, puedes configurar correos electrónicos automatizados que se envían cuando un cliente potencial se registra en tu página o muestra interés en un producto específico. Estos correos pueden ofrecer más información, responder preguntas frecuentes o incluso ofrecer descuentos personalizados para incentivar la compra. La automatización no solo ahorra tiempo, sino que también asegura que los clientes no se queden estancados en ninguna etapa del funnel, moviéndose de manera más fluida hacia la compra final.

El funnel de ventas digital también permite una gran segmentación. No todos los clientes son iguales, y cada uno puede tener diferentes motivaciones y necesidades. Con un funnel bien diseñado, puedes crear diferentes mensajes y ofertas personalizadas para distintos segmentos de tu audiencia. Por ejemplo, un cliente que ha visitado tu sitio web varias veces pero aún no ha comprado puede recibir un correo con una oferta especial. Mientras que un cliente que ha comprado anteriormente puede recibir recomendaciones de productos complementarios o información sobre novedades que puedan interesarle. Esta capacidad de personalización es uno de los mayores beneficios del funnel de ventas digital, ya que te permite adaptarte a las necesidades específicas de cada cliente.

Otra ventaja del funnel digital es que te permite escalar tus esfuerzos de ventas de manera más eficiente. Mientras que en las ventas tradicionales, un vendedor solo puede atender a un cliente a la vez, el funnel digital puede trabajar con miles de clientes potenciales de manera simultánea. Al tener un proceso automatizado y bien estructurado, puedes llegar a un público mucho más amplio sin necesidad de aumentar proporcionalmente tu equipo de ventas. Esto no solo ahorra costos, sino que también permite a las empresas crecer más rápidamente y de manera más sostenible.

En resumen, el funnel de ventas digital es una estrategia poderosa que te permite atraer, educar y convertir clientes de manera efectiva en el entorno online. Entender cada una de las etapas del funnel y cómo optimizar cada paso del proceso es clave para mejorar tus tasas de conversión y aumentar tus ventas. Además, la automatización y la personalización permiten que el funnel funcione de manera eficiente, sin perder el toque humano necesario para construir relaciones duraderas con los clientes. Al implementar un funnel de ventas bien diseñado, estarás mejor preparado para competir en el mundo digital y llevar tu negocio al siguiente nivel.

Marketing de Contenidos

El marketing de contenidos es una de las estrategias más efectivas y poderosas en el mundo de las ventas y el marketing digital. En esencia, se trata de crear y compartir contenido valioso, relevante y consistente para atraer y retener a una audiencia claramente definida, con el objetivo final de motivarlos a tomar una acción deseada, como realizar una compra o contratar un servicio. A diferencia de la publicidad tradicional, que se enfoca en vender directamente, el marketing de contenidos busca ofrecer información útil y entretenida que aporte valor al cliente, ayudándolo a resolver problemas o aprender algo nuevo.

Un aspecto clave del marketing de contenidos es que no se trata solo de hablar sobre tu producto o servicio de manera directa. En lugar de eso, se centra en construir una relación con tu audiencia, proporcionándoles contenido que realmente les interese y les sirva en su vida cotidiana. Este contenido puede tomar muchas formas: artículos en un blog, videos, infografías, podcasts, correos electrónicos, publicaciones en redes sociales, entre otros. Lo importante es que el contenido esté diseñado para responder a las necesidades, inquietudes y deseos de tu público objetivo.

La razón por la cual el marketing de contenidos es tan efectivo radica en que, hoy en día, los consumidores están más informados y tienen más poder de decisión que nunca antes. Antes de comprar cualquier producto o servicio, la mayoría de las personas investigan en internet, buscan opiniones, comparan opciones y se toman su tiempo para tomar una decisión. Aquí es donde el marketing de contenidos entra en juego: al ofrecer información útil, puedes posicionarte como una autoridad en tu industria y ganarte la confianza del cliente, lo que eventualmente los llevará a elegir tu marca sobre la competencia.

El primer paso en una estrategia de marketing de contenidos es conocer a tu audiencia. Antes de crear cualquier contenido, necesitas entender quiénes son tus clientes potenciales, qué problemas enfrentan, qué intereses tienen, y qué tipo de información están buscando. Esto te permitirá crear contenido que realmente les hable y que resuene con ellos. No tiene sentido generar contenido de calidad si no está dirigido a las personas adecuadas. Por ejemplo, si vendes productos tecnológicos, es probable que tus clientes estén interesados en guías sobre cómo utilizar la tecnología para mejorar su vida diaria o en reseñas sobre las últimas novedades del mercado. En cambio, si tu público son padres de familia, tal vez prefieran contenido relacionado con la educación o el bienestar familiar.

Una vez que conoces bien a tu audiencia, el siguiente paso es crear contenido que responda a sus necesidades. Aquí es donde entra en juego la creatividad. El contenido no solo debe ser informativo, también debe ser entretenido y fácil de consumir. Un error común en el marketing de contenidos es crear textos o videos demasiado técnicos o difíciles de entender. El objetivo es que el contenido sea accesible para cualquier persona y que, al mismo tiempo, les ofrezca valor. Es como si estuvieras teniendo una conversación con tus clientes: debes hablar en su idioma, usando ejemplos y referencias que ellos puedan entender.

Otro aspecto importante del marketing de contenidos es la consistencia. No se trata de crear un artículo o un video de vez en cuando, sino de hacerlo de manera constante. Publicar contenido regularmente no solo te mantiene en la mente de tus clientes, sino que también ayuda a mejorar tu visibilidad en los motores de búsqueda, como Google. Las empresas que publican contenido de calidad de manera frecuente tienen muchas más posibilidades de aparecer en los primeros resultados de búsqueda, lo que aumenta su exposición y atrae más tráfico a sus sitios web. Por eso, es recomendable crear un calendario de contenidos que te permita planificar qué vas a publicar y cuándo. De esta manera, siempre tendrás contenido fresco y relevante para tu audiencia.

Una de las grandes ventajas del marketing de contenidos es que puedes usarlo en diferentes plataformas para alcanzar a una audiencia más amplia. Por ejemplo, puedes escribir un artículo en tu blog y luego compartir fragmentos del mismo en redes sociales como Facebook, Instagram o LinkedIn, para atraer a más personas a tu sitio web. También puedes convertir ese artículo en un video explicativo o en una infografía atractiva, lo que te permitirá llegar a aquellos que prefieren consumir contenido de manera visual. La clave está en adaptar tu mensaje al formato y a la plataforma, sin perder de vista el objetivo principal: aportar valor a tu audiencia.

El marketing de contenidos no solo es efectivo para atraer nuevos clientes, sino también para retener a los actuales. Después de que alguien haya comprado tu producto o servicio, puedes seguir ofreciéndoles contenido útil para mejorar su experiencia o para mostrarles nuevas formas de utilizar lo que han adquirido. Por ejemplo, si vendes un software, podrías crear tutoriales que enseñen a los usuarios cómo sacarle el máximo provecho, o enviarles actualizaciones periódicas sobre nuevas funciones. Este tipo de contenido no solo aumenta la satisfacción del cliente, sino que también fomenta la lealtad a largo plazo. Un cliente que siente que tu empresa se preocupa por él y sigue brindándole valor, es mucho más probable que vuelva a comprar o que recomiende tus productos a otras personas.

El marketing de contenidos también tiene un impacto directo en la imagen de tu marca. Al crear contenido útil y relevante, estás demostrando que tu empresa no solo está interesada en vender, sino en ayudar a las personas a resolver sus problemas o mejorar sus vidas. Esto genera confianza y te posiciona como un líder en tu industria. En lugar de ser visto como una empresa que solo busca el beneficio económico, te conviertes en una fuente confiable de información. Y cuando las personas confían en ti, es más probable que elijan tu marca cuando necesiten lo que ofreces.

Además de construir confianza, el marketing de contenidos te permite educar a tus clientes potenciales. A veces, las personas no compran un producto simplemente porque no entienden completamente cómo puede ayudarles. Al crear contenido educativo, puedes mostrarles de manera clara y detallada cómo tu producto o servicio puede resolver sus problemas o satisfacer sus necesidades. Por ejemplo, si vendes un producto innovador que no es ampliamente conocido, puedes escribir un artículo explicando cómo funciona, cuáles son sus beneficios, y por qué es mejor que las alternativas existentes en el mercado. Este tipo de contenido no solo informa al cliente, sino que también lo guía hacia la compra de manera natural.

Otro beneficio del marketing de contenidos es que es una estrategia a largo plazo. A diferencia de la publicidad pagada, cuyo impacto desaparece en cuanto dejas de invertir dinero, el contenido que creas puede seguir generando resultados durante meses o incluso años. Un buen artículo de blog o un video popular puede seguir atrayendo tráfico y generando ventas mucho después de haber sido publicado. Además, el contenido puede ser reutilizado y actualizado con el tiempo. Un artículo que escribiste hace un año puede ser revisado y ampliado con nueva información, lo que le da una nueva vida sin necesidad de empezar desde cero.

En resumen, el marketing de contenidos es una herramienta poderosa que te permite conectar con tu audiencia, construir confianza, educar a tus clientes y mejorar tu visibilidad en línea. Es una estrategia que, si se ejecuta de manera correcta, puede generar resultados significativos a largo plazo. Al enfocarte en crear contenido valioso y relevante para tu público, no solo estarás atrayendo nuevos clientes, sino también construyendo relaciones sólidas que te permitirán crecer de manera sostenible en el mundo digital.

Evelyn Wright

El Poder de las Redes Sociales en las Ventas Masivas

El poder de las redes sociales en las ventas masivas es algo que no se puede ignorar en el mundo actual. Estas plataformas se han convertido en una herramienta esencial para cualquier negocio que quiera llegar a una audiencia más amplia y generar grandes volúmenes de ventas. Las redes sociales no solo conectan a las personas de todo el mundo, sino que también proporcionan una oportunidad sin precedentes para que las marcas interactúen directamente con sus clientes potenciales, construyan relaciones y ofrezcan sus productos o servicios de una manera más cercana y humana.

Una de las principales ventajas de las redes sociales es su alcance masivo. Millones, incluso miles de millones de personas, utilizan plataformas como Facebook, Instagram, TikTok, Twitter y LinkedIn todos los días. Esto significa que, como vendedor, tienes la capacidad de mostrar tus productos a una audiencia global sin necesidad de grandes inversiones iniciales. Con una publicación, un video o incluso un comentario, puedes captar la atención de miles de personas al mismo tiempo. Esta capacidad de llegar a un público tan amplio es algo que antes solo estaba al alcance de las grandes corporaciones con presupuestos publicitarios enormes. Pero hoy, cualquier negocio, sin importar su tamaño, puede tener una presencia significativa en las redes sociales.

El poder de las redes sociales también reside en la facilidad con la que se puede generar contenido atractivo. Las imágenes, los videos, las historias y los reels son herramientas visuales que permiten mostrar productos de una manera muy atractiva. Los usuarios están constantemente interactuando con este tipo de contenido, lo que hace que sea una forma ideal de captar su atención. Si bien la calidad del contenido es importante, no se necesita una producción cinematográfica para tener éxito. A veces, una imagen sencilla o un video breve y auténtico puede generar mucho más impacto que una publicidad tradicional. La clave está en mostrar el producto de una manera que sea atractiva para tu audiencia y que resuene con ellos en un nivel emocional.

Otra razón por la que las redes sociales son tan efectivas para las ventas masivas es el poder de la recomendación. En estas plataformas, los usuarios tienen la posibilidad de compartir fácilmente sus opiniones y experiencias con sus amigos y seguidores. Cuando alguien compra un producto y lo publica en sus redes sociales, es como si le estuviera haciendo publicidad a tu marca de manera gratuita. Este tipo de recomendación tiene un impacto muy grande, ya que las personas tienden a confiar más en lo que sus amigos o conocidos les dicen que en lo que ven en un anuncio pagado. Además, las opiniones y reseñas de otros usuarios juegan un papel fundamental en la toma de decisiones de compra, y las redes sociales facilitan enormemente el acceso a esta información.

El concepto de viralidad es otro aspecto crucial del poder de las redes sociales. Un contenido que se vuelve viral puede llevar un producto o una marca a millones de personas en cuestión de horas o días. No hay una fórmula exacta para hacer que un contenido se vuelva viral, pero generalmente se trata de crear algo que sea entretenido, emocionante o que resuene profundamente con la audiencia. Cuando las personas encuentran algo que les parece interesante, tienen la tendencia de compartirlo con sus seguidores, y estos a su vez lo comparten con los suyos, creando un efecto en cadena. Este tipo de exposición masiva es algo que pocas otras formas de marketing pueden lograr tan rápidamente y sin costos elevados.

Las redes sociales también permiten una segmentación muy precisa. Plataformas como Facebook, Instagram y LinkedIn recopilan una gran cantidad de datos sobre sus usuarios: sus intereses, ubicación, edad, género, comportamientos y mucho más. Como vendedor, puedes aprovechar esta información para dirigir tus anuncios o publicaciones a un grupo específico de personas que están más inclinadas a estar interesadas en lo que ofreces. En lugar de gastar dinero tratando de llegar a todo el mundo, puedes centrar tus esfuerzos en aquellos que realmente podrían convertirse en tus clientes. Esto no solo aumenta las probabilidades de generar ventas, sino que también reduce los costos de marketing, haciendo que tu inversión sea mucho más eficiente.

Otra gran ventaja de las redes sociales es la interacción directa con los clientes. A través de los comentarios, mensajes directos o incluso encuestas, puedes obtener retroalimentación en tiempo real sobre lo que los clientes piensan de tus productos. Esta interacción te permite ajustar rápidamente tu oferta, mejorar el servicio al cliente y construir relaciones más sólidas con tu audiencia. A los clientes les gusta sentirse escuchados, y las redes sociales ofrecen un canal directo para que las marcas puedan estar en contacto constante con ellos. Esto no solo aumenta la lealtad del cliente, sino que también puede mejorar la reputación de tu negocio.

El marketing de influencers es otra estrategia poderosa que ha surgido gracias a las redes sociales. Los influencers son personas que han construido una audiencia leal en plataformas como Instagram, YouTube o TikTok, y que tienen la capacidad de influir en las decisiones de compra de sus seguidores. Colaborar con influencers puede ser una excelente manera de llegar a una audiencia más amplia y generar ventas masivas, ya que estos creadores de contenido suelen tener una conexión auténtica con su audiencia. Cuando un influencer recomienda un producto, sus seguidores lo ven como una recomendación genuina, lo que aumenta las probabilidades de que confíen en la marca y realicen una compra.

Además, las redes sociales permiten medir los resultados de tus esfuerzos de manera muy precisa. Las plataformas ofrecen herramientas de análisis que te permiten ver cuántas personas han visto tus publicaciones, cuántas han interactuado con ellas y, lo más importante, cuántas han realizado una compra como resultado directo de tus campañas en redes sociales. Esta capacidad de medir el retorno de inversión (ROI) en tiempo real es invaluable para los vendedores, ya que te permite ajustar tus estrategias sobre la marcha y asegurarte de que estás obteniendo los mejores resultados posibles.

Uno de los desafíos que enfrentan los negocios al utilizar redes sociales para vender en masa es la competencia. Dado que estas plataformas son accesibles para todos, muchas empresas están compitiendo por la atención de la misma audiencia. Por eso, es importante que tu contenido se destaque. Una manera de hacerlo es a través de la autenticidad. Los usuarios de redes sociales valoran mucho la transparencia y la honestidad. No se trata solo de mostrar un producto perfecto, sino de conectar con la audiencia de manera genuina, mostrando los valores de la marca y contando historias que sean significativas para ellos.

En resumen, las redes sociales tienen un poder inmenso para generar ventas masivas. Su alcance, la posibilidad de viralización, la segmentación precisa, el marketing de influencers y la interacción directa con los clientes las convierten en una herramienta indispensable para cualquier negocio que quiera crecer en el mundo digital. Aprovechar estas plataformas de manera inteligente y creativa puede llevar tus ventas a niveles que antes parecían imposibles. Sin embargo, es importante recordar que el éxito en redes sociales no se trata solo de vender, sino de construir relaciones auténticas con la audiencia, ofrecer valor y estar presente de manera constante. De esta manera, no solo lograrás ventas masivas, sino que también crearás una base de clientes leales que te apoyarán a largo plazo.

Convertirse en el Aliado del Cliente

Convertirse en el aliado del cliente es una de las estrategias más poderosas que un vendedor puede adoptar para generar ventas sostenibles y construir relaciones a largo plazo. A diferencia de una venta rápida, en la que el único objetivo es cerrar el trato lo más rápido posible, cuando te conviertes en un aliado del cliente, estás creando una conexión de confianza y colaboración que va mucho más allá de la transacción inicial. En lugar de enfocarte solo en lo que tú puedes ganar, te concentras en cómo puedes ayudar al cliente a resolver sus problemas y alcanzar sus objetivos. Esto no solo te beneficia a corto plazo, sino que te abre la puerta a una relación duradera en la que el cliente te verá como alguien en quien puede confiar, y esto, a la larga, es lo que genera ventas masivas y sostenibles.

El primer paso para convertirse en el aliado del cliente es entender que las ventas no son solo sobre el producto o servicio que estás ofreciendo, sino sobre la solución que le estás dando al cliente. A la gente no le interesa realmente qué es lo que vendes, sino cómo eso que vendes puede hacer su vida mejor o más fácil. Tu trabajo como vendedor no es solo describir las características de tu producto, sino entender a fondo cuáles son las necesidades y deseos del cliente, y luego mostrarle cómo tu oferta puede satisfacer esas necesidades. Si te posicionas como alguien que está genuinamente interesado en ayudar, el cliente te verá como un recurso valioso, y no solo como un vendedor más.

Para lograr esto, es esencial escuchar activamente al cliente. Esto significa prestar atención a lo que dice, pero también a lo que no dice. Muchas veces, los clientes no saben exactamente lo que necesitan o cómo expresar sus problemas de manera clara. Aquí es donde entra tu papel como aliado: debes ser capaz de leer entre líneas, hacer las preguntas correctas y guiar al cliente hacia una solución que tal vez no había considerado. Este tipo de enfoque demuestra que te importa realmente lo que el cliente está buscando y que estás dispuesto a dedicar tiempo y esfuerzo en encontrar la mejor opción para él.

Otro aspecto importante de ser el aliado del cliente es ser honesto y transparente en todo momento. No se trata de vender a toda costa. Si un producto o servicio que ofreces no es lo que el cliente necesita, es fundamental que se lo hagas saber, incluso si eso significa perder una venta en ese momento. Este tipo de honestidad puede parecer contraproducente en el corto plazo, pero en realidad construye una relación basada en la confianza. Los clientes recuerdan a las personas que han sido sinceras con ellos, y cuando necesiten algo en el futuro, volverán a ti porque saben que pueden confiar en tu juicio. Además, es muy probable que recomienden tu negocio a otros, simplemente porque aprecian tu ética y transparencia.

La empatía es otro pilar clave para convertirse en el aliado del cliente. Ponerte en el lugar del cliente y entender su situación desde su perspectiva te permitirá ofrecer soluciones mucho más personalizadas y efectivas. No se trata solo de saber lo que el cliente necesita a nivel superficial, sino de comprender cómo se siente y qué lo motiva. Si puedes conectar con el cliente a nivel emocional, serás capaz de ofrecerle un valor que va más allá de lo material. Esta conexión emocional es lo que diferencia a un vendedor promedio de uno que verdaderamente se preocupa por sus clientes. Las personas quieren sentir que son más que un número, y cuando ven que te tomas el tiempo para entender sus preocupaciones y deseos, se crea un lazo de lealtad que es difícil de romper.

Ser el aliado del cliente también implica estar disponible para él, no solo en el momento de la venta, sino también después. Muchas veces, los vendedores desaparecen una vez que han cerrado el trato, pero eso puede ser un gran error. Si realmente quieres convertirte en el aliado del cliente, debes estar presente incluso después de que la transacción haya finalizado. Esto puede significar hacer un seguimiento para asegurarte de que todo esté funcionando correctamente, ofrecer asistencia o simplemente estar disponible para responder cualquier duda que pueda surgir. Este tipo de atención posventa demuestra que tu interés en el cliente no se limita a la compra, sino que te importa su satisfacción continua.

Además, ser el aliado del cliente también implica anticiparse a sus necesidades. Si has construido una relación sólida y has tomado el tiempo para conocer al cliente, puedes empezar a identificar oportunidades futuras en las que tus productos o servicios puedan ser útiles para él. Esto no significa que debas ser insistente o agresivo en tus ofertas, sino que puedes estar atento a sus cambios de situación o necesidades emergentes. Por ejemplo, si sabes que un cliente ha adquirido un producto de tecnología que suele actualizarse con frecuencia, puedes adelantarte a sus necesidades y ofrecerle nuevas versiones o mejoras en el momento adecuado. Este tipo de proactividad será muy valorada por el cliente, ya que demuestra que te importa su bienestar y que estás pensando en su futuro.

Otra forma de ser el aliado del cliente es ofrecer valor añadido más allá de lo que se espera. Esto puede ser algo tan simple como proporcionar información adicional que le ayude a tomar decisiones más informadas o compartir recursos útiles que complementen el producto que ha adquirido. Si, por ejemplo, vendes productos de cocina, podrías enviar recetas, trucos de cocina o tutoriales en video que ayuden al cliente a aprovechar al máximo su compra. Este tipo de gestos no solo mejoran la experiencia del cliente, sino que también refuerzan la idea de que te importan sus resultados y no solo la venta.

Ser el aliado del cliente también implica ser flexible. No todos los clientes tienen las mismas necesidades o circunstancias, y es importante que como vendedor puedas adaptarte a diferentes situaciones. Esto puede significar ofrecer opciones personalizadas, ser flexible en los métodos de pago o incluso ajustar los plazos de entrega según las necesidades del cliente. La flexibilidad es una muestra de que estás dispuesto a hacer lo necesario para que la experiencia de compra sea lo más conveniente posible para el cliente, lo que a su vez fortalecerá la relación que tienes con él.

Por último, es importante recordar que convertirse en el aliado del cliente no es algo que se logra de la noche a la mañana. Es un proceso que requiere tiempo, paciencia y dedicación. Se trata de construir relaciones genuinas basadas en la confianza, el respeto y la empatía. Cuando te posicionas como un aliado en lugar de simplemente como un vendedor, el cliente te verá como alguien que está de su lado, alguien en quien puede confiar y recurrir cuando lo necesite. Este tipo de relación es la que genera clientes leales y satisfechos, y a largo plazo, eso es lo que te llevará a tener éxito en las ventas masivas.

En resumen, convertirse en el aliado del cliente es una de las formas más efectivas de generar ventas a largo plazo y construir una base sólida de clientes leales. Esto se logra a través de la empatía, la transparencia, la escucha activa y la disposición de estar presente tanto antes como después de la venta. Al enfocarte en las necesidades y deseos del cliente, y demostrar que te importa su éxito tanto como el tuyo, te posicionas como un recurso valioso que no solo vende productos, sino que también aporta soluciones significativas. Este enfoque no solo te ayudará a cerrar más ventas, sino que también te permitirá construir relaciones duraderas que son fundamentales para el crecimiento sostenido en el mundo de las ventas.

La Experiencia del Cliente en la Era Digital

La experiencia del cliente en la era digital ha transformado por completo la forma en que las empresas interactúan con sus consumidores. En el pasado, la experiencia de compra se limitaba principalmente al mundo físico: visitar una tienda, hablar con un vendedor, revisar los productos en persona y tomar una decisión de compra. Hoy, con la evolución de la tecnología y la creciente popularidad del comercio electrónico, los clientes interactúan con las marcas de maneras completamente nuevas. El mundo digital ha abierto la puerta a una experiencia de compra que es más rápida, más conveniente y, en muchos casos, más personalizada. Pero también ha hecho que las expectativas de los clientes sean más altas que nunca.

En esta era digital, los clientes ya no solo buscan un buen producto, también esperan una experiencia de compra excepcional. Esto incluye una navegación fluida en las páginas web, atención rápida y personalizada en plataformas de chat, envíos rápidos y seguros, y la posibilidad de acceder a toda la información que necesitan al instante. Los negocios que logran ofrecer este tipo de experiencia son los que se destacan en el mercado y logran generar una base sólida de clientes leales.

Uno de los aspectos más importantes de la experiencia del cliente en la era digital es la facilidad de uso. Los clientes de hoy esperan que los sitios web y las aplicaciones sean intuitivos y fáciles de navegar. Si un cliente entra a una tienda en línea y encuentra difícil moverse entre las secciones, agregar productos al carrito o realizar el pago, lo más probable es que abandone el sitio y busque otra opción. Por lo tanto, las empresas deben asegurarse de que su presencia digital sea lo más amigable posible. La simplicidad en el diseño y la facilidad para completar una compra son factores clave para mantener al cliente comprometido y satisfecho.

La personalización es otro elemento crucial de la experiencia del cliente en la era digital. Las empresas ahora tienen acceso a grandes cantidades de datos sobre sus clientes: desde lo que buscan hasta lo que compran, e incluso cuánto tiempo pasan navegando en diferentes productos. Esta información permite a las marcas ofrecer una experiencia mucho más personalizada. En lugar de mostrar un catálogo genérico, pueden sugerir productos que se alineen con los intereses específicos de cada cliente, lo que hace que la experiencia de compra sea más relevante y atractiva. La personalización puede marcar la diferencia entre una simple visita a un sitio web y una venta concreta. Cuando el cliente siente que la marca lo entiende y le ofrece lo que realmente necesita, es mucho más probable que realice una compra.

El servicio al cliente en la era digital también ha evolucionado enormemente. Antes, si tenías una pregunta o un problema con un producto, debías llamar a la empresa o visitarla en persona. Ahora, el servicio al cliente está disponible las 24 horas del día, los 7 días de la semana, a través de diferentes canales, como el chat en vivo, las redes sociales, el correo electrónico y los chatbots. Esta disponibilidad constante es una gran ventaja para los clientes, que ahora pueden resolver sus dudas o problemas de manera rápida y eficiente, sin importar la hora o el lugar en el que se encuentren. Las empresas que ofrecen un servicio al cliente rápido y efectivo en línea son percibidas como más confiables y accesibles, lo que contribuye a una experiencia de compra positiva.

En la era digital, la transparencia también se ha vuelto más importante que nunca. Los clientes quieren saber exactamente lo que están comprando, cuánto les va a costar, cuándo recibirán su pedido y qué garantías tienen. Gracias a la tecnología, es más fácil para las empresas proporcionar esta información de manera clara y detallada. Los sitios web deben incluir descripciones precisas de los productos, imágenes de alta calidad, reseñas de otros clientes y políticas de devolución claras. Toda esta información ayuda a generar confianza y a mejorar la experiencia de compra. Además, en un mundo donde las redes sociales permiten que cualquier mala experiencia se haga viral en cuestión de minutos, ser transparente y resolver los problemas rápidamente es esencial para proteger la reputación de la marca.

La rapidez es otro factor fundamental en la experiencia del cliente en la era digital. Los consumidores de hoy esperan que todo suceda de manera casi instantánea. Ya no están dispuestos a esperar días para recibir una respuesta o semanas para que les llegue un producto. Por eso, las empresas deben asegurarse de que sus procesos sean lo más ágiles posible, desde la atención al cliente hasta el envío y la entrega de productos. Plataformas como Amazon han establecido un estándar muy alto en cuanto a la velocidad de entrega, y los clientes ahora esperan ese mismo nivel de servicio en todas partes. Las empresas que no pueden cumplir con estas expectativas corren el riesgo de perder clientes frente a competidores más rápidos y eficientes.

Otro aspecto relevante de la experiencia del cliente en la era digital es la capacidad de ofrecer múltiples opciones de compra y pago. Los clientes quieren poder elegir cómo y cuándo comprar. Esto significa que las empresas deben estar presentes en diferentes canales: tiendas en línea, aplicaciones móviles, redes sociales y más. Además, es esencial ofrecer diversas formas de pago, como tarjetas de crédito, transferencias bancarias, pagos móviles y servicios de pago en línea como PayPal. Cuantas más opciones tenga el cliente, más conveniente será la experiencia de compra, lo que aumentará la probabilidad de que completen su compra y regresen en el futuro.

Las redes sociales también juegan un papel fundamental en la experiencia del cliente en la era digital. Estas plataformas no solo permiten a las marcas promocionar sus productos y servicios, sino que también sirven como un espacio donde los clientes pueden interactuar directamente con las empresas. Ya sea a través de comentarios, mensajes directos o reseñas, las redes sociales brindan una oportunidad única para que las marcas escuchen a sus clientes y respondan a sus necesidades de manera rápida y pública. Además, las redes sociales permiten a los clientes compartir sus experiencias, ya sean positivas o negativas, lo que puede influir en las decisiones de compra de otros consumidores. Las empresas que utilizan las redes sociales de manera efectiva para interactuar con sus clientes y resolver problemas rápidamente logran mejorar significativamente la experiencia del cliente.

La confianza y la seguridad también son factores clave en la experiencia del cliente en la era digital. Con tantas transacciones ocurriendo en línea, los clientes quieren estar seguros de que sus datos personales y financieros están protegidos. Las empresas deben invertir en tecnologías que garanticen la seguridad de la información de sus clientes, como encriptación de datos y sistemas de pago seguros. Además, es importante ser transparente sobre las políticas de privacidad y cómo se manejarán los datos del cliente. Proporcionar una experiencia de compra segura y confiable no solo protege al cliente, sino que también construye una reputación sólida y mejora la lealtad a largo plazo.

Finalmente, es importante mencionar que la experiencia del cliente en la era digital no termina una vez que se ha realizado la compra. El seguimiento posventa es esencial para asegurar que el cliente esté satisfecho y para fomentar futuras compras. Las empresas deben asegurarse de que el cliente reciba su producto a tiempo, en buenas condiciones, y que tenga acceso a asistencia en caso de cualquier inconveniente. Además, el envío de encuestas de satisfacción o la oferta de descuentos para futuras compras pueden ayudar a mantener al cliente comprometido y feliz. Este tipo de atención posventa no solo mejora la experiencia del cliente, sino que también aumenta las probabilidades de que ese cliente recomiende la marca a otras personas.

En resumen, la experiencia del cliente en la era digital es un aspecto esencial para el éxito de cualquier negocio. En un mundo donde la competencia está a solo un clic de distancia, ofrecer una experiencia de compra rápida, conveniente, personalizada y segura puede ser la diferencia entre ganar y perder clientes. Las empresas que logran adaptarse a las expectativas de los consumidores digitales y brindar un servicio excepcional, desde el primer clic hasta el seguimiento posventa, son las que logran construir relaciones a largo plazo y asegurar su éxito en un mercado cada vez más competitivo.

Ventas Multicanal

Las ventas multicanal son una estrategia clave en el mundo actual, donde los consumidores interactúan con las marcas a través de múltiples plataformas y dispositivos. Ya no es suficiente vender solo en una tienda física o a través de un sitio web. Los clientes de hoy esperan tener la opción de comprar de la manera que les resulte más conveniente, ya sea en una tienda física, en línea, a través de redes sociales o incluso mediante aplicaciones móviles. La estrategia de ventas multicanal permite a las empresas llegar a los clientes en todos estos puntos de contacto, ofreciendo una experiencia de compra integrada y consistente.

La principal ventaja de las ventas multicanal es que se adapta a las preferencias de los clientes. Algunos consumidores prefieren la comodidad de comprar desde casa a través de un sitio web, mientras que otros valoran la experiencia de visitar una tienda física donde pueden ver y tocar el producto antes de tomar una decisión de compra. Otros pueden sentirse más cómodos comprando directamente desde redes sociales como Instagram o Facebook, donde las marcas promocionan sus productos de manera más interactiva. Con una estrategia de ventas multicanal, una empresa puede captar la atención de todos estos tipos de clientes, sin perder ninguna oportunidad de venta.

Un componente clave en la estrategia de ventas multicanal es la integración de todos los canales de venta para ofrecer una experiencia unificada. No se trata solo de estar presente en diferentes plataformas, sino de asegurar que el cliente pueda moverse entre ellas de manera fluida. Por ejemplo, un cliente podría ver un producto en una red social, leer más detalles en el sitio web de la marca y luego decidir comprarlo en la tienda física. La transición entre estos canales debe ser lo más natural posible, sin que el cliente sienta que está empezando de cero en cada plataforma. De hecho, muchos consumidores esperan poder comprar en línea y recoger su producto en la tienda, o viceversa, devolver en una tienda física lo que compraron en línea. Estas opciones son una muestra de cómo los diferentes canales pueden complementarse y ofrecer una experiencia más satisfactoria para el cliente.

Otro beneficio de las ventas multicanal es que permite a las marcas obtener una mayor visibilidad. Al estar presente en varias plataformas, las empresas pueden llegar a audiencias más amplias y diversificadas. Un cliente que no frecuenta tiendas físicas puede encontrar la marca en línea, mientras que alguien que no está activo en redes sociales podría descubrir la tienda mientras camina por la calle. Cada canal representa una nueva oportunidad para atraer a diferentes tipos de clientes y fortalecer la presencia de la marca en el mercado.

Además, la venta multicanal también ayuda a las empresas a recopilar más datos sobre sus clientes. A través de las diferentes plataformas, las marcas pueden aprender más sobre los hábitos de compra de sus consumidores: qué prefieren, cuándo compran, cómo descubren nuevos productos, y más. Esta información es sumamente valiosa porque permite personalizar la experiencia de compra y mejorar las estrategias de marketing. Por ejemplo, si una marca nota que muchos de sus clientes descubren productos en redes sociales, puede concentrar más esfuerzos en este canal, ofreciendo contenido atractivo y promociones exclusivas para captar la atención. Del mismo modo, si observa que una gran cantidad de clientes prefieren comprar en línea pero recoger en la tienda, puede optimizar sus procesos logísticos para hacerlo más eficiente.

Sin embargo, implementar una estrategia de ventas multicanal también presenta algunos desafíos. El primero es la coordinación entre los diferentes canales para garantizar una experiencia coherente. Esto requiere que las empresas mantengan una comunicación constante entre los equipos que gestionan cada plataforma. Además, es importante que la información sobre los productos, precios y promociones esté siempre actualizada en todos los canales, para evitar confusiones y posibles insatisfacciones del cliente. Si un cliente ve un precio en línea y luego encuentra un precio diferente en la tienda física, esto puede generar desconfianza y perder la venta.

Otro reto es la gestión del inventario. Con una estrategia de ventas multicanal, las empresas deben asegurarse de que el inventario esté sincronizado en todos los canales. Si un cliente compra un producto en línea que en realidad está agotado en la tienda física, esto puede causar retrasos y frustración. La tecnología juega un papel fundamental en la resolución de este problema, ya que permite a las empresas gestionar en tiempo real su inventario y asegurar que los productos estén disponibles donde y cuando el cliente los quiera.

Además de los desafíos operativos, la venta multicanal requiere una inversión significativa en tecnología y capacitación del personal. Las empresas deben contar con herramientas que les permitan gestionar las diferentes plataformas de manera eficiente, así como con empleados capacitados para atender a los clientes en cada canal. Por ejemplo, el personal de la tienda física debe estar preparado para manejar devoluciones de productos comprados en línea, y el equipo de atención al cliente debe estar capacitado para resolver problemas tanto en las tiendas físicas como en las plataformas digitales. Todo esto requiere una planificación cuidadosa y un enfoque centrado en el cliente.

A pesar de los desafíos, el potencial de las ventas multicanal es inmenso. Las empresas que logran implementar una estrategia multicanal bien ejecutada no solo pueden aumentar sus ventas, sino también mejorar la satisfacción del cliente y fortalecer la lealtad a largo plazo. Al ofrecer a los consumidores la libertad de elegir cómo y dónde comprar, las marcas se posicionan como más flexibles y centradas en las necesidades de sus clientes, lo que genera una mayor conexión y confianza.

El futuro de las ventas claramente se dirige hacia un enfoque multicanal. A medida que los consumidores se vuelven más exigentes y las tecnologías siguen evolucionando, las empresas que no se adapten a esta nueva realidad corren el riesgo de quedarse atrás. Los consumidores de hoy buscan conveniencia, personalización y accesibilidad, y la venta multicanal es la respuesta a estas demandas. Las empresas que sean capaces de integrar todos sus canales de venta de manera coherente y efectiva estarán mejor posicionadas para satisfacer a sus clientes y prosperar en un mercado cada vez más competitivo.

En resumen, la venta multicanal es más que una tendencia, es una necesidad en el entorno empresarial actual. Los consumidores están en constante movimiento entre el mundo digital y el físico, y las marcas deben estar preparadas para encontrarse con ellos en cada paso del camino. Si bien presenta desafíos, los beneficios de una estrategia multicanal bien ejecutada son claros: mayor visibilidad, más oportunidades de venta, una experiencia de cliente mejorada y, en última instancia, un negocio más sólido y preparado para el futuro.

Evelyn Wright

Crecimiento Exponencial

El crecimiento exponencial en ventas es un concepto que muchas empresas sueñan alcanzar, pero pocas entienden completamente. Se trata de un crecimiento que no ocurre de manera lineal, es decir, no aumenta de forma constante y predecible. En lugar de eso, el crecimiento exponencial sigue una curva que se dispara hacia arriba, duplicando o multiplicando los resultados en un corto período de tiempo. Este tipo de crecimiento puede parecer sorprendente o hasta mágico, pero en realidad, es el resultado de una serie de estrategias bien ejecutadas, con enfoque en la innovación, la eficiencia y el uso inteligente de los recursos.

Para entender el crecimiento exponencial, es importante compararlo con el crecimiento lineal. Si una empresa está creciendo de manera lineal, significa que está aumentando sus ventas a un ritmo constante, por ejemplo, 10 unidades más cada mes. En un año, habrá vendido 120 unidades más que el año anterior. Aunque esto es positivo, no es sorprendente ni revolucionario. El crecimiento exponencial, por otro lado, puede significar que en lugar de vender 10 unidades más por mes, la empresa vende 10 unidades más en el primer mes, pero 20 más en el segundo, 40 en el tercero, y así sucesivamente. Después de un año, las ventas no habrán crecido en 120 unidades, sino en miles o más.

Una de las claves para lograr este tipo de crecimiento es entender que no se trata simplemente de trabajar más duro, sino de trabajar de manera más inteligente. Las empresas que experimentan un crecimiento exponencial han encontrado formas de multiplicar sus esfuerzos mediante el uso de tecnología, estrategias de marketing efectivas y un profundo conocimiento de su público objetivo. Por ejemplo, muchas de estas empresas utilizan el poder de la automatización para agilizar procesos que normalmente tomarían mucho tiempo y esfuerzo. Esto libera recursos que pueden invertirse en actividades que realmente generen valor, como la innovación de productos o la expansión a nuevos mercados.

Otra estrategia crucial para el crecimiento exponencial es la escalabilidad. Esto significa que la empresa debe tener la capacidad de aumentar su producción o servicios sin que los costos se disparen en la misma proporción. Un buen ejemplo de esto es el uso de plataformas digitales. Antes, una empresa que quería vender más productos necesitaba abrir más tiendas físicas, lo que implicaba una gran inversión en infraestructura y personal. Hoy en día, gracias al comercio en línea, una empresa puede llegar a millones de personas en todo el mundo sin necesidad de abrir una sola tienda adicional. Esto permite que las ventas crezcan rápidamente sin un aumento proporcional en los costos.

El crecimiento exponencial también requiere una mentalidad abierta hacia la innovación y el cambio. Las empresas que se aferran a los viejos métodos de hacer negocios a menudo se quedan estancadas en el crecimiento lineal. Sin embargo, las empresas que están dispuestas a probar nuevas ideas y adoptar las últimas tecnologías son las que tienen más probabilidades de experimentar un crecimiento explosivo. Esto puede significar implementar nuevas herramientas de automatización, explorar nuevos canales de venta como las redes sociales o incluso adoptar nuevas formas de interactuar con los clientes, como el uso de la inteligencia artificial para personalizar la experiencia de compra.

Uno de los factores que más contribuye al crecimiento exponencial es la viralidad. Este es un concepto que se ha popularizado con el auge de las redes sociales y las plataformas digitales. Cuando algo se vuelve viral, ya sea un producto, un servicio o una idea, comienza a difundirse rápidamente de persona a persona, lo que genera un efecto en cadena. Imagina que vendes un producto que no solo resuelve un problema para el cliente, sino que también es tan único y llamativo que el cliente siente la necesidad de contárselo a sus amigos, quienes a su vez hacen lo mismo. En poco tiempo, tienes miles o incluso millones de personas interesadas en tu producto, sin necesidad de haber invertido enormes cantidades en publicidad. La viralidad es una poderosa herramienta para el crecimiento exponencial porque permite que el mercado trabaje para ti, multiplicando tus esfuerzos de manera casi automática.

Otra característica importante del crecimiento exponencial es la capacidad de construir una comunidad leal alrededor de tu marca. Los clientes no solo compran un producto, sino que se sienten parte de algo más grande. Este tipo de conexión emocional puede generar una lealtad a largo plazo que no solo mantiene a los clientes volviendo una y otra vez, sino que también los convierte en defensores de tu marca. Esta lealtad es lo que alimenta el crecimiento exponencial a lo largo del tiempo, ya que los clientes satisfechos son los mejores embajadores de tu negocio. Hablan de tu producto, lo recomiendan y, lo más importante, lo compran una y otra vez.

El uso de tecnología avanzada también es fundamental para este tipo de crecimiento. La inteligencia artificial, por ejemplo, permite a las empresas recopilar y analizar grandes cantidades de datos sobre sus clientes, lo que les ayuda a entender mejor sus necesidades y comportamientos. Con esta información, las empresas pueden personalizar sus ofertas y campañas de marketing, lo que aumenta las posibilidades de convertir a los prospectos en clientes. Además, la IA puede automatizar tareas repetitivas como la atención al cliente o la gestión del inventario, lo que permite a la empresa operar de manera más eficiente y concentrarse en estrategias que realmente impulsan el crecimiento.

Sin embargo, el crecimiento exponencial no sucede de la noche a la mañana. Requiere planificación, esfuerzo y, sobre todo, paciencia. Una empresa debe estar dispuesta a invertir tiempo en construir una base sólida antes de que el crecimiento exponencial realmente comience a despegar. Esto puede significar invertir en tecnología, formar al equipo de ventas, o simplemente asegurarse de que los productos o servicios sean de la más alta calidad. Al principio, puede que los resultados no sean espectaculares, pero una vez que se alcance un punto crítico, el crecimiento puede acelerar a un ritmo impresionante.

Finalmente, es importante recordar que el crecimiento exponencial debe ser sostenible. Crecer demasiado rápido sin la infraestructura adecuada puede causar más problemas de los que resuelve. Las empresas deben asegurarse de que su cadena de suministro, su servicio al cliente y sus sistemas tecnológicos estén preparados para manejar el aumento en la demanda. De lo contrario, corren el riesgo de decepcionar a los clientes y perder la confianza que tanto les ha costado ganar.

En resumen, el crecimiento exponencial es el resultado de una combinación de factores: escalabilidad, innovación, tecnología, viralidad y una comunidad de clientes leales. No es fácil de lograr, pero con la estrategia adecuada y una mentalidad abierta hacia el cambio, cualquier empresa tiene el potencial de alcanzar un crecimiento explosivo. Lo más importante es estar siempre dispuesto a adaptarse, aprender y mejorar, porque en el mundo de las ventas, el éxito viene para aquellos que están preparados para aprovechar las oportunidades cuando se presentan.